政治协商工作学习百问百答

含新修订《中国人民政治协商会议章程》

中国法制出版社

目 录

总 纲

第一章　工作总则

第二章　组织总则

第三章　委　员

第四章　全国委员会

第五章 地方委员会

第六章　会　徽

附　录

总　纲

1.《中国人民政治协商会议章程》何时通过？经历了几次修订？

现行《中国人民政治协商会议章程》于1982年12月11日由中国人民政治协商会议第五届全国委员会第五次会议通过，并于1994年、2000年、2004年、2018年、2023年经历了五次修订。

2.《中国人民政治协商会议章程》本次修改有何重要意义？

2023年3月11日，中国人民政治协商会议第十四届全国委员会第一次会议通过《中国人民政治协商会议章程修正案》。这次修改政协章程，是人民政协深入学习贯彻中国共产党的创新理论的需要，是贯彻落实中共二十大精神和中共中央关于人民政协工作的新部署新要求的需要，是更好服务以中国式现代化全面推进中华民族伟大复兴的使命任务的需要。

这次政协章程的修改，对于坚持中国共产党的全面领导，坚持和完善中国共产党领导的多党合作和政治协商制度，践行全过程人民民主，巩固和发展最广泛的爱国统一战线，把人民政协制度坚持好、把人民政协事业发展好，具有重要意义。

3. 《中国人民政治协商会议章程》本次修改的工作原则是什么?

经中共中央批准，这次政协章程修改工作原则为：一是坚持马克思列宁主义、毛泽东思想、邓小平理论、“三个代表”重要思想、科学发展观，全面贯彻习近平新时代中国特色社会主义思想，贯彻落实中共二十大精神，深入贯彻习近平总书记关于加强和改进人民政协工作的重要思想，深刻领悟“两个确立”的决定性意义，增强“四个意识”、坚定“四个自信”、做到“两个维护”；二是坚持中国共产党的全面领导和中共中央集中统一领导，准确把握人民政协性质定位，坚持和完善中国共产党领导的多党合作和政治协商制度，践行全过程人民民主理念，发挥人民政协作为专门协商机构作用，更好服务党和国家工作大局；三是充分体现马克思主义中国化时代化最新成果，体现中共十九大以来中共中央关于人民政协工作的新部署新要求，体现上次政协章程修改以来中国共产党领导人民政协事业创新发展的重要成果；四是充分发扬民主，广泛征求意见；五是注重同中共二十大通过的《中国共产党章程（修正案）》相衔接，在一些重大提法上保持一致；六是保持政协章程总体稳定，只修改那些必须改的，适当充实各方面已经形成共识、为实践证明是成熟的内容，不成熟的不改，可改可不改的不改。

4.《中国人民政治协商会议章程》是如何贯彻落实中共二十大作出的重要部署的?

这次修改《中国人民政治协商会议章程》,坚持以习近平新时代中国特色社会主义思想为指导,贯彻落实中共二十大精神,充分体现中共二十大提出的重要思想、重要观点、重大战略、重大举措。政协章程修正案在总纲中增写实现第一个百年奋斗目标,开启了实现第二个百年奋斗目标新征程,以中国式现代化全面推进中华民族伟大复兴,为实现第二个百年奋斗目标而团结奋斗等内容。同时,在工作总则中增写把握新发展阶段,贯彻创新、协调、绿色、开放、共享的新发展理念,加快构建以国内大循环为主体、国内国际双循环相互促进的新发展格局,推动高质量发展;坚持总体国家安全观;宣传和协助贯彻执行科教兴国战略、创新驱动发展战略;反对特权思想和特权现象；弘扬和平、发展、公平、正义、民主、自由的全人类共同价值等内容。充实这些内容，有利于引导参加人民政协的各党派团体和各族各界人士进一步把思想和行动统一到中共中央决策部署上来，把智慧和力量凝聚到实现中共二十大确定的目标任务上来，紧扣“五位一体”总体布局和“四个全面”战略布局履职尽责，为服务党和国家工作大局作出新贡献。

5. 什么是政治协商？

《中国共产党政治协商工作条例》第二条第一款规定，本条例所称政治协商，是在中国共产党领导下，中国共产党同各民主党派和各界代表人士围绕党和国家大政方针、经济社会发展重要问题以及其他重要事项开展的协商。

6. 政治协商的重要意义是什么？

《中国共产党政治协商工作条例》第二条第二款规定，政治协商是中国共产党领导的多党合作和政治协商制度的重要组成部分，是社会主义协商民主的重要形式，是凝聚智慧、增进共识、促进科学民主决策的重要途径。

7. 什么是中国人民政治协商会议？

《中国人民政治协商会议章程》总纲指出，中国人民政治协商会议是中国共产党把马克思列宁主义统一战线理论、政党理论、民主政治理论同中国具体实际相结合、同中华优秀传统文化相结合的伟大成果，是中国共产党领导各民主党派、无党派人士、人民团体和各族各界人士在政治制度上进行的伟大创造。中国人民政治协商会议是中国人民爱国统一战线的组织，是中国共产党领导的多党合作和政治协商的重要机构，是我国政治生活中发扬社会主义民主、实践全过程人民民主的重要形式，是社会主义协商民主的重要渠道和专门协商机构，是国家治理体系的重要组成部分，是具有中国特色的制度安排。团结和民主是中国人民政治协商会议的两大主题。

8. 中国人民政治协商会议的任务和目标是什么？

《中国人民政治协商会议章程》总纲指出，中国人民政治协商会议要在马克思列宁主义、毛泽东思想、邓小平理论、“三个代表”重要思想、科学发展观、习近平新时代中国特色社会主义思想指引下，坚持中国共产党的全面领导，增强“四个意识”、坚定“四个自信”、做到“两个维护”，高举爱国主义、社会主义旗帜，坚持大团结大联合，坚持一致性和多样性统一，在热爱中华人民共和国、拥护中国共产党的领导、拥护社会主义事业、共同致力于实现中华民族伟大复兴中国梦的政治基础上，进一步巩固和发展最广泛的爱国统一战线，加强海内外中华儿女大团结，调动一切积极因素，团结一切可能团结的人，找到最大公约数，画出最大同心圆，同心同德，群策群力，按照中国特色社会主义事业“五位一体”总体布局和“四个全面”战略布局，维护和发展安定团结的政治局面，不断促进社会主义物质文明、政治文明、精神文明、社会文明、生态文明的协调发展，为实现第二个百年奋斗目标、实现中华民族伟大复兴的中国梦而团结奋斗。

9. 中国人民政治协商会议有何重要意义？

《中国人民政治协商会议章程》总纲指出，中国共产党领导的多党合作和政治协商制度是我国的一项基本政治制度，是具有中国特色的社会主义政党制度。中国人民政治协商会议是实行中国共产党领导的多党合作和政治协商制度的重要政治形式和组织形式。中国人民政治协商会议根据中国共产党同各民主党派和无党派人士长期共存、互相监督、肝胆相照、荣辱与共的方针，促进参加中国人民政治协商会议的各党派、无党派人士的团结合作，充分体现和发挥我国社会主义新型政党制度的特点和优势。

10. 中国人民政治协商会议如何实现协商民主？

《中国人民政治协商会议章程》总纲指出，协商民主是我国社会主义民主政治的特有形式和独特优势。中国人民政治协商会议坚持中国共产党领导、统一战线、协商民主有机结合，坚持围绕中心、服务大局，坚持发扬民主和增进团结相互贯通、建言资政和凝聚共识双向发力，发挥专门协商机构作用，把协商民主贯穿履行职能全过程，在推动协商民主广泛多层制度化发展、推进国家治理体系和治理能力现代化中发挥不可替代的作用。

11. 协商民主具有怎样的重要意义？

2015 年，中共中央印发的《关于加强社会主义协商民主建设的意见》指出，协商民主是在中国共产党领导下，人民内部各方面围绕改革发展稳定重大问题和涉及群众切身利益的实际问题，在决策之前和决策实施之中开展广泛协商，努力形成共识的重要民主形式。社会主义协商民主是中国社会主义民主政治的特有形式和独特优势，是党的群众路线在政治领域的重要体现，是深化政治体制改革的重要内容。

12. 加强协商民主建设应当遵循哪些基本原则？

2015 年，中共中央印发的《关于加强社会主义协商民主建设的意见》指出，加强协商民主建设，必须坚持党的领导、人民当家作主、依法治国有机统一，贯彻民主集中制，坚定不移走中国特色社会主义政治发展道路。坚持围绕中心、服务大局，促进经济持续健康发展，维护社会和谐稳定。坚持依法有序、积极稳妥，确保协商民主有制可依、有规可守、有章可循、有序可遵。坚持协商于决策之前和决策实施之中，增强决策的科学性和实效性。坚持广泛参与、多元多层，更好保障人民群众的知情权、参与权、表达权、监督权。坚持求同存异、理性包容，切实提高协商质量和效率。

13. 加强协商民主建设需要加强哪些协商渠道？

2015 年，中共中央印发的《关于加强社会主义协商民主建设的意见》指出，继续重点加强政党协商、政府协商、政协协商，积极开展人大协商、人民团体协商、基层协商，逐步探索社会组织协商。发挥各协商渠道自身优势，做好衔接配合，不断健全和完善社会主义协商民主制度。

14. 政治协商的基本方式有哪些？

根据《中国共产党政治协商工作条例》第三条的规定，政治协商的基本方式包括以下两种：

（1）政党协商，即中国共产党同各民主党派、无党派人士直接开展的协商；

（2）人民政协政治协商，即中国共产党在人民政协同各民主党派和各界代表人士开展的协商。

15. 政治协商工作的指导思想是什么？

《中国共产党政治协商工作条例》第四条规定，政治协商工作坚持以习近平新时代中国特色社会主义思想为指导，深入贯彻习近平总书记关于加强和改进统一战线工作的重要思想、关于加强和改进人民政协工作的重要思想，增强“四个意识”、坚定“四个自信”、做到“两个维护”，贯彻落实发展全过程人民民主要求，坚持和完善中国共产党领导的多党合作和政治协商制度，坚持大团结大联合，坚持一致性和多样性相统一，通过党领导下的政治协商工作的制度体系和工作机制，提升政治协商效能，为全面建设社会主义现代化国家、实现中华民族伟大复兴凝聚起共同奋斗的力量。

16. 政治协商工作应当遵循哪些原则？

根据《中国共产党政治协商工作条例》第五条的规定，政治协商工作应当遵循以下原则：（1）坚持党的全面领导；（2）坚持围绕中心、服务大局；（3）坚持发扬民主、坦诚协商；（4）坚持政治引领、凝聚共识。

第一章 工作总则

17. 中国人民政治协商会议全国委员会和地方委员会如何开展工作?

《中国人民政治协商会议章程》总纲指出，中国人民政治协商会议的一切活动以中华人民共和国宪法为根本的准则。中国人民政治协商会议全国委员会和地方委员会，依法维护其参加单位和个人依照本章程履行职责的权利。《中国人民政治协商会议章程》第一条规定，中国人民政治协商会议全国委员会和地方委员会，依照中国人民政治协商会议章程进行工作。

18. 如何实行党中央对政治协商工作的集中统一领导?

《中国共产党政治协商工作条例》第六条

规定，党中央对政治协商工作实行集中统一领导，统一制定政治协商工作大政方针，研究决定事关政治协商工作全局和长远发展的重大事项，保证政治协商始终坚持正确政治方向。党中央组织开展中央层面的政党协商，领导和支持全国政协依照《中国人民政治协商会议章程》和有关规定做好政治协商工作。

19. 如何加强和完善党对协商民主建设的领导？

2015 年，中共中央印发的《关于加强社会主义协商民主建设的意见》指出，党的领导是中国特色社会主义最本质的特征。加强协商民主建设，必须坚持党的领导，充分发挥党总揽全局、协调各方的领导核心作用，把握正确方向，形成强大合力，确保有序高效开展。

（1）高度重视协商民主建设。各级党委要充分认识加强协商民主建设的重大意义，把协商民主建设纳入总体工作部署和重要议事日程，对职责范围内各类协商民主活动进行统一领导、统一规划、统一部署。要做到协商于决策之前和决策实施之中，根据各方面的意见和建议来决定和调整决策和工作，从制度上保障协商成果落地，使决策和工作更好顺乎民意、合乎实际。党委领导同志要以身作则，带头学习掌握协商民主理论，熟悉协商民主工作方法，把握协商民主工作规律，努力成为加强协商民主建设的积极组织者、有力促进者、自觉实践者，通过推进协商民主改善党的领导、加强党的领导、巩固党的执政地位。

（2）建立健全党领导协商民主建设的工作制度。建立党委统一领导、各方分工负责、公众积极参与的领导体制和工作机制。各级党委要按照民主集中制原则，坚持民主基础上的集中和集中指导下的民主相统一，确保协商依法开展、有序进行，防止议而不决、决而不行。加强统筹协调，认真研究制定协商计划，解决协商民主建设的重大问题，支持人大、政府、政协、党派团体、基层组织和社会组织依照法律法规和各自章程开展协商，有计划有步骤地推进协商活动。加强对协商民主建设落实情况的监督检查。

（3）支持鼓励协商民主建设探索创新。协商民主建设是一个不断发展的过程。各级党委要加强领导和组织协调，鼓励探索创新，通过各种途径、各种渠道、各种方式进行广泛协商，建立健全提案、会议、座谈、论证、听证、公示、评估、咨询、网络、民意调查等多种协商方式。尊重群众首创精神，注重实践经验提炼总结，并适时上升为制度规范。加强中国特色新型智库建设，建立健全决策咨询制度。加强协商民主理论研究，不断丰富和发展社会主义协商民主理论体系。研究制定协商民主建设党内法规。

（4）营造协商民主建设良好氛围。各级党委要自觉把协商民主建设贯穿于各领域，坚持有事多协商，遇事多协商，做事多协商。健全党内民主制度，以党内民主带动和促进协商民主发展。党委宣传部门和主要新闻媒体，要加强正确舆论引导，普及协商民主知识，宣传协商民主理论和实践，树立协商民主建设先进典型，发挥好示范引领作用。

20. 中国人民政治协商会议全国委员会和地方委员会的工作原则是什么?

《中国人民政治协商会议章程》第二条规定，中国人民政治协商会议全国委员会和地方委员会的工作原则是：坚持中国共产党领导，坚持人民政协性质定位，坚持大团结大联合，坚持发扬社会主义民主。

21. 中国人民政治协商会议全国委员会和地方委员会的主要职能是什么?

根据《中国人民政治协商会议章程》第三条第一款的规定，中国人民政治协商会议全国委员会和地方委员会的主要职能是政治协商、民主监督、参政议政，要把加强思想政治引领、广泛凝聚共识贯穿履职工作之中。

22. 政治协商职能是指什么？

根据《中国人民政治协商会议章程》第三条第二款的规定，政治协商是对国家大政方针和地方的重要举措以及经济建设、政治建设、文化建设、社会建设、生态文明建设中的重要问题，在决策之前和决策实施之中进行协商。中国人民政治协商会议全国委员会和地方委员会可根据中国共产党、人民代表大会常务委员会、人民政府、民主党派、人民团体的提议，举行有各党派、团体的负责人和各族各界人士的代表参加的会议，进行协商，亦可建议上列单位将有关重要问题提交协商。

23. 民主监督职能是指什么？

根据《中国人民政治协商会议章程》第三条第三款的规定，民主监督是对国家宪法、法律和法规的实施，重大方针政策、重大改革举措、重要决策部署的贯彻执行情况，涉及人民群众切身利益的实际问题解决落实情况，国家机关及其工作人员的工作等，通过提出意见、批评、建议的方式进行的协商式监督。

24. 参政议政职能是指什么？

根据《中国人民政治协商会议章程》第三条第四款的规定，参政议政是对政治、经济、文化、社会生活和生态环境等方面的重要问题以及人民群众普遍关心的问题，开展调查研究，反映社情民意，进行协商讨论。通过调研报告、提案、建议案或其他形式，向中国共产党和国家机关提出意见和建议。

25. 如何制定年度协商计划？

《中国人民政治协商会议章程》第四条规定，中国人民政治协商会议全国委员会和地方委员会应制定年度协商计划。专题议政性常务委员会会议议题、专题协商会议题及其他协商形式、监督形式的重要议题，应列入年度协商计划，做到协商议题和协商形式相匹配。要综合运用各种形式，集协商、监督、参与、合作于一体，完善以全体会议为龙头，以专题议政性常务委员会会议和专题协商会为重点，以协商座谈会、对口协商会、提案办理协商会等为常态的协商议政格局。

26. 政协党组如何提出年度协商议题安排，形成年度协商计划草案？

《中国共产党政治协商工作条例》第十八条规定，政协党组就人民政协政治协商议题征求有关方面意见后，提出年度协商议题安排，形成年度协商计划草案，报党委常委会会议确定，并按照程序审议通过后实施。

27. 如何制定政党协商年度计划？

《中国共产党政治协商工作条例》第十五

条规定，政党协商年度计划由党委办公厅（室）会同党委统战部在听取有关部门、民主党派组织、无党派人士意见建议的基础上研究提出，经党委常委会会议审议通过后，通报同级民主党派组织。

28. 如何根据政党协商年度计划开展考察调研？

《中国共产党政治协商工作条例》第十六条规定，根据政党协商年度计划，同级民主党派组织、无党派人士就经济社会发展重要问题开展年度重点考察调研，由党委统战部组织实施并做好统筹协调；支持民主党派组织、无党派人士结合自身特色以及政党协商年度计划内容开展经常性考察调研，形成调研成果，为协商活动提供参考。

29. 如何根据政党协商年度计划制定具体工作方案？

《中国共产党政治协商工作条例》第十七条规定，党委办公厅（室）会同党委统战部，根据政党协商年度计划制定具体工作方案。党委统战部会同有关部门提前组织民主党派组织负责同志、无党派代表人士阅读文件，通报有关情况。

30. 中国人民政治协商会议全国委员会和地方委员会的总体任务是什么？

《中国人民政治协商会议章程》第五条规定，中国人民政治协商会议全国委员会和地方委员会贯彻中国共产党的基本理论、基本路线、基本方略，坚持以人民为中心的发展思想，坚持全面依法治国，宣传和执行国家的宪法、法律、法规和各项方针、政策，坚持总体国家安全观，推动社会力量积极参加社会主义物质文明、政治文明、精神文明、社会文明、生态文明的建设事业，更好满足人民日益增长的美好生活需要，更好推动人的全面发展、社会全面进步。

31. 中国人民政治协商会议全国委员会和地方委员会的发展任务和目标是什么？

《中国人民政治协商会议章程》第六条规定，中国人民政治协商会议全国委员会和地方委员会坚持公有制为主体、多种所有制经济共同发展，按劳分配为主体、多种分配方式并存，社会主义市场经济体制等基本经济制度。毫不动摇地巩固和发展公有制经济，毫不动摇地鼓励、支持、引导非公有制经济发展。把握新发展阶段，贯彻创新、协调、绿色、开放、共享的新发展理念，加快构建以国内大循环为主体、国内国际双循环相互促进的新发展格局，推动高质量发展，建设现代化经济体系，发挥市场在资源配置中的决定性作用，更好发挥政府作用，促进社会生产力的解放和发展，逐步实现全体人民共同富裕。

32. 中国人民政治协商会议全国委员会和地方委员会如何密切联系各方面人士？

《中国人民政治协商会议章程》第七条规定，中国人民政治协商会议全国委员会和地方委员会密切联系各方面人士，反映他们及其所联系的群众的意见和要求，对国家机关和国家工作人员的工作提出建议和批评，协助国家机关进行机构改革和体制改革，改进工作，提高工作效率，克服形式主义、官僚主义、享乐主义和奢靡之风，反对特权思想和特权现象，加强廉政建设。

33. 中国人民政治协商会议全国委员会和地方委员会是否有权调整和处理统一战线关系和内部合作事项？

《中国人民政治协商会议章程》第八条规

定，中国人民政治协商会议全国委员会和地方委员会调整和处理统一战线各方面的关系和中国人民政治协商会议内部合作的重要事项。

34. 中国人民政治协商会议全国委员会和地方委员会如何坚持中国特色社会主义文化发展道路？

《中国人民政治协商会议章程》第九条规定，中国人民政治协商会议全国委员会和地方委员会坚持中国特色社会主义文化发展道路，通过各种形式，传承和弘扬中华优秀传统文化，继承革命文化，发展社会主义先进文化，弘扬民族精神和时代精神，培育和践行社会主义核心价值观，开展爱祖国、爱人民、爱劳动、爱科学、爱社会主义的公德以及革命的理想、道德和纪律的宣传教育工作。

35. 中国人民政治协商会议全国委员会和地方委员会坚持怎样的科学文化方针?

《中国人民政治协商会议章程》第十条规定，中国人民政治协商会议全国委员会和地方委员会坚持发展科学、繁荣文化的百花齐放、百家争鸣的方针，密切联系国家机关和其他有关组织，在政治、法治、经济、农业农村、社会、教育、科学技术、文化艺术、新闻出版、医药卫生、体育、资源环境等方面开展调查研究等活动，广开言路，广开才路，充分发挥委员的专长和作用。中国人民政治协商会议全国委员会和地方委员会推动和协助社会力量兴办各种有利于中国特色社会主义建设的事业。

36. 中国人民政治协商会议全国委员会和地方委员会如何组织委员视察、考察和调查?

《中国人民政治协商会议章程》第十一条

规定，中国人民政治协商会议全国委员会和地方委员会组织委员视察、考察和调查，了解情况，就各项事业和群众生活的重要问题进行研究，通过建议案、提案、社情民意信息和其他形式向国家机关和其他有关组织提出建议和批评。

37. 各级党委和政府如何支持政协围绕协商议题开展调研?

《中国共产党政治协商工作条例》第十九条规定，各级党委和政府支持政协围绕协商议题开展调研。根据工作需要，可以安排有关党政机关在政协考察调研时介绍情况，与委员交换意见，共同进行研究。重要调研成果报党委以及有关部门。

38. 中国人民政治协商会议全国委员会和地方委员会如何推动委员增强协商能力?

《中国人民政治协商会议章程》第十二条规定，中国人民政治协商会议全国委员会和地方委员会推动委员自觉学习马克思列宁主义、毛泽东思想、邓小平理论、“三个代表”重要思想、科学发展观、习近平新时代中国特色社会主义思想，组织学习时事政治，学习中共党史、新中国史、改革开放史、社会主义发展史，学习交流业务和科学技术知识，增强政治把握能力、调查研究能力、联系群众能力、合作共事能力。

39. 中国人民政治协商会议全国委员会和地方委员会如何宣传和参与贯彻执行国家关于统一祖国的方针政策?

《中国人民政治协商会议章程》第十三条

规定，中国人民政治协商会议全国委员会和地方委员会宣传和参与贯彻执行国家关于统一祖国的方针政策，积极开展同台湾同胞和各界人士的联系，坚决反对一切分裂国家的活动，促进祖国统一大业的实现。

全面准确、坚定不移贯彻“一国两制”、“港人治港”、“澳人治澳”、高度自治的方针，严格依照宪法和基本法办事，落实“爱国者治港”、“爱国者治澳”原则，加强同香港特别行政区同胞、澳门特别行政区同胞的联系和团结，鼓励他们为保持香港、澳门长期繁荣稳定，为建设祖国和统一祖国作出贡献。

40. 中国人民政治协商会议全国委员会和地方委员会如何充分发挥各类人才和知识分子在社会主义现代化建设中的作用？

《中国人民政治协商会议章程》第十四条规定，中国人民政治协商会议全国委员会和地方委员会宣传和协助贯彻执行国家的科教兴国战略、人才强国战略、创新驱动发展战略和知识分子政策，尊重劳动、尊重知识、尊重人才、尊重创造，以利于充分发挥各类人才和知识分子在社会主义现代化建设中的作用。

41. 中国人民政治协商会议全国委员会和地方委员会如何宣传和协助贯彻执行国家的民族政策？

《中国人民政治协商会议章程》第十五条规定，中国人民政治协商会议全国委员会和地方委员会宣传和协助贯彻执行国家的民族政策，坚定不移走中国特色解决民族问题的正确道路，坚持和完善民族区域自治制度，反映少数民族的意见和要求，促进发展民族地区的经济、文化、社会和生态保护事业，维护少数民族的合法权利和利益，深化民族团结进步教育，铸牢中华民族共同体意识，加强各民族交往交流交融，巩固和发展平等团结互助和谐的社会主义民族关系，为促进各民族共同团结奋斗、共同繁荣发展，增进各族人民的大团结和维护祖国的统一贡献力量。

42. 中国人民政治协商会议全国委员会和地方委员会如何宣传和协助贯彻执行国家的宗教信仰自由政策?

《中国人民政治协商会议章程》第十六条规定，中国人民政治协商会议全国委员会和地方委员会宣传和协助贯彻执行国家的宗教信仰自由政策，支持政府依法管理宗教事务，坚持独立自主自办的原则，积极引导宗教与社会主义社会相适应，坚持我国宗教中国化方向，团结宗教界爱国人士和宗教信仰者为祖国的建设和统一贡献力量。

43. 中国人民政治协商会议全国委员会和地方委员会如何宣传和协助贯彻执行国家的侨务政策？

《中国人民政治协商会议章程》第十七条规定，中国人民政治协商会议全国委员会和地方委员会宣传和协助贯彻执行国家的侨务政策，加强同归侨、侨眷和海外侨胞的联系和团结，鼓励他们为祖国的建设事业和统一祖国的大业作出贡献。

44. 中国人民政治协商会议全国委员会和地方委员会如何宣传和协助贯彻执行国家的外交政策？

《中国人民政治协商会议章程》第十八条规定，中国人民政治协商会议全国委员会和地方委员会宣传和协助贯彻执行国家的外交政策，根据具体情况，积极主动地开展人民外交活动，加强同各国人民的友好往来和合作，弘扬和平、发展、公平、正义、民主、自由的全人类共同价值，推动构建人类命运共同体。

45. 中国人民政治协商会议全国委员会和地方委员会如何做好关于中国近代以来文史资料的征集、研究和出版工作？

《中国人民政治协商会议章程》第十九条规定，中国人民政治协商会议全国委员会和地方委员会根据统一战线组织的特点进行关于中国近代以来文史资料的征集、研究和出版工作。

46. 中国人民政治协商会议全国委员会如何加强同地方委员会的联系？

《中国人民政治协商会议章程》第二十条规定，中国人民政治协商会议全国委员会加强同地方委员会的联系，沟通情况，交流经验，指导工作，研究地方委员会带共同性的问题。

第二章　组织总则

47. 中国人民政治协商会议的组织结构是怎样的？

《中国人民政治协商会议章程》第二十一条第一款规定，中国人民政治协商会议设全国委员会和地方委员会。

48. 中国人民政治协商会议全国委员会对地方委员会的关系和地方委员会对下级地方委员会的关系是怎样的？

《中国人民政治协商会议章程》第二十一条第二款规定，中国人民政治协商会议全国委员会对地方委员会的关系和地方委员会对下级地方委员会的关系是指导关系。

49. 中国人民政治协商会议全国委员会的组成有哪些？

《中国人民政治协商会议章程》第二十二条第一款规定，中国人民政治协商会议全国委员会由中国共产党、各民主党派、无党派人士、人民团体、各少数民族和各界的代表，香港特别行政区同胞、澳门特别行政区同胞、台湾同胞和归国侨胞的代表以及特别邀请的人士组成，设若干界别。

50. 如何确定中国人民政治协商会议地方委员会的组成？

《中国人民政治协商会议章程》第二十二条第二款规定，中国人民政治协商会议地方委员会的组成，根据当地情况，参照全国委员会的组成决定。

51. 哪些主体可以参加中国人民政治协商会议全国委员会和地方委员会?

《中国人民政治协商会议章程》第二十三条规定，凡赞成本章程的党派和团体，经中国人民政治协商会议全国委员会常务委员会协商同意，得参加中国人民政治协商会议全国委员会。参加地方委员会者，由各级地方委员会按照本条上述规定办理。

52. 参加中国人民政治协商会议全国委员会或地方委员会的单位和个人应当履行什么义务?

《中国人民政治协商会议章程》第二十四条规定，参加中国人民政治协商会议全国委员会或地方委员会的单位和个人，都有遵守和履行本章程的义务。

53. 中国人民政治协商会议全国委员会和地方委员会的决议如何产生效力?

《中国人民政治协商会议章程》第二十五条规定，中国人民政治协商会议地方委员会对全国委员会的全国性的决议，下级地方委员会对上级地方委员会的全地区性的决议，都有遵守和履行的义务。

54. 中国人民政治协商会议全国委员会和地方委员会全体会议的议案、常务委员会的议案的通过条件是什么?

《中国人民政治协商会议章程》第二十六条规定，中国人民政治协商会议全国委员会和地方委员会全体会议的议案，应经全体委员过半数通过。常务委员会的议案，应经常务委员会全体组成人员过半数通过。各参加单位和个人对会议的决议，都有遵守和履行的义务。如有不同意见，在坚决执行的前提下可以声明保留。

55. 参加中国人民政治协商会议全国委员会和地方委员会的单位和个人有哪些权利?

《中国人民政治协商会议章程》第二十七条规定，参加中国人民政治协商会议全国委员会和地方委员会的单位和个人，有通过本会会议和组织充分发表各种意见、参加讨论国家大政方针和各该地方重大事务的权利，对国家机关和国家工作人员的工作提出建议和批评的权利，以及对违纪违法行为检举揭发的权利，参加有关部门组织的调查和检查活动。

56. 参加中国人民政治协商会议全国委员会和地方委员会的单位和个人有退出的自由吗?

《中国人民政治协商会议章程》第二十八条规定，参加中国人民政治协商会议全国委员会和地方委员会的单位和个人，有声明退出的自由。

57. 参加中国人民政治协商会议全国委员会和地方委员会的单位和个人严重违反章程或决议的，应当受什么处分？

《中国人民政治协商会议章程》第二十九条第一款规定，参加中国人民政治协商会议全国委员会和地方委员会的单位和个人，如果严重违反中国人民政治协商会议章程或全体会议和常务委员会的决议，由全国委员会常务委员会或地方委员会常务委员会分别依据情节给予警告处分，或撤销其参加中国人民政治协商会议全国委员会或地方委员会的资格。

58. 受警告处分或撤销参加资格的单位或个人，如果不服，如何救济？

《中国人民政治协商会议章程》第二十九条第二款规定，受警告处分或撤销参加资格的单位或个人，如果不服，可以请求复议。

第三章　委　员

59. 中国人民政治协商会议全国委员会委员和地方委员会委员应当具备哪些条件?

《中国人民政治协商会议章程》第三十条规定，中国人民政治协商会议全国委员会委员和地方委员会委员应热爱祖国，拥护中国共产党的领导和社会主义事业，维护民族团结和国家统一，遵守国家的宪法和法律，保守国家秘密，廉洁自律，在本界别中有代表性，有社会影响和参政议政能力。

60. 如何决定中国人民政治协商会议全国委员会委员和地方委员会委员?

《中国人民政治协商会议章程》第三十一

条规定，中国人民政治协商会议全国委员会委员经相关程序后，须由中国人民政治协商会议全国委员会常务委员会协商决定。地方委员会委员经相关程序后，须由各级地方委员会常务委员会协商决定。

61. 中国人民政治协商会议全国委员会委员和地方委员会委员如何履行职责？

《中国人民政治协商会议章程》第三十二条规定，中国人民政治协商会议全国委员会委员和地方委员会委员应当依照本章程积极履行职责，认真行使权利。

62. 中国人民政治协商会议全国委员会委员和地方委员会委员有哪些权利？

《中国人民政治协商会议章程》第三十三条规定，中国人民政治协商会议全国委员会委员和地方委员会委员，在本会会议上有表决权、选举权和被选举权；有对本会工作提出意见、批评、建议的权利。

63. 中国人民政治协商会议全国委员会委员和地方委员会委员有哪些履职要求？

《中国人民政治协商会议章程》第三十四条规定，中国人民政治协商会议全国委员会委员和地方委员会委员要坚持为国履职、为民尽责，密切联系群众，了解和反映他们的愿望和要求，参加本会组织的会议和活动。

64. 中国人民政治协商会议全国委员会委员和地方委员会委员如何处理个人职业活动与履行职责的关系？

《中国人民政治协商会议章程》第三十五条规定，中国人民政治协商会议全国委员会委员和地方委员会委员应当正确处理个人职业活动与履行职责的关系，不得利用委员身份牟取个人、小团体和特定关系人的利益。

65. 如何加强委员履职管理?

《中国人民政治协商会议章程》第三十六条规定，中国人民政治协商会议全国委员会和地方委员会应当加强委员履职管理，建立委员履职档案，采取适当方式通报履职情况。

66. 什么情况下不得提名或继续提名为委员人选?

根据《中国人民政治协商会议章程》第三十七条的规定，有下列情形之一的，不得提名或继续提名为委员人选：（1）严重损害国家和人民利益的；（2）因严重违纪违法被给予组织处理、处分或被判刑的；（3）涉嫌违纪违法正在接受调查处理的；（4）在身份上弄虚作假的；等等。

67. 什么情况下应当辞去委员?

《中国人民政治协商会议章程》第三十八

条规定，因工作变动或其他原因不宜继续担任委员的，本人应当辞去委员。对违反社会道德或存在与委员身份不符行为的，应当及时约谈或函询，经提醒仍不改正的，应当责令其辞去委员。

68. 对违纪违法的委员，应当如何处理？

《中国人民政治协商会议章程》第三十九条规定，对违纪违法的委员，中国人民政治协商会议全国委员会常务委员会或地方委员会常务委员会应当依照法律和有关规定作出相应处理。常务委员会组成人员违纪违法的，可由常务委员会依照法律和有关规定作出处理决定，针对不同情形，相关处理决定待召开全体会议予以追认。

第四章　全国委员会

69. 如何确定每届中国人民政治协商会议全国委员会的参加单位、委员名额和人选及界别设置?

《中国人民政治协商会议章程》第四十条第一款规定，每届中国人民政治协商会议全国委员会的参加单位、委员名额和人选及界别设置，经上届全国委员会主席会议审议同意后，由常务委员会协商决定。

70. 每届全国委员会任期内，可以增加或者变更参加单位、委员名额和决定人选吗?

《中国人民政治协商会议章程》第四十条第二款规定，每届全国委员会任期内，有必要增加或者变更参加单位、委员名额和决定人选时，经本届主席会议审议同意后，由常务委员会协商决定。

71. 中国人民政治协商会议全国委员会每届任期多久？

《中国人民政治协商会议章程》第四十一条规定，中国人民政治协商会议全国委员会每届任期五年。如遇非常情况，由常务委员会以全体组成人员的三分之二以上的多数通过，得延长任期。

72. 中国人民政治协商会议全国委员会由哪些人员组成？

《中国人民政治协商会议章程》第四十二条规定，中国人民政治协商会议全国委员会设主席，副主席若干人和秘书长。

73. 中国人民政治协商会议全国委员会全体会议多久举行一次?

《中国人民政治协商会议章程》第四十三条规定，中国人民政治协商会议全国委员会全体会议每年举行一次。常务委员会认为必要时，得临时召集。

74. 中国人民政治协商会议全国委员会全体会议行使哪些职权?

《中国人民政治协商会议章程》第四十四条规定，中国人民政治协商会议全国委员会全体会议行使下列职权：

（1）修改中国人民政治协商会议章程，监督章程的实施；

（2）选举全国委员会的主席、副主席、秘书长和常务委员，决定常务委员会组成人员的增加或者变更；

（3）协商讨论国家的大政方针以及经济建

设、政治建设、文化建设、社会建设、生态文明建设中的重要问题，提出建议和批评；

（4）听取和审议常务委员会的工作报告、提案工作情况报告和其他报告；

（5）讨论本会重大工作原则、任务并作出决议。

75. 中国人民政治协商会议全国委员会常务委员会履行什么职责？由哪些人员组成？

《中国人民政治协商会议章程》第四十五条规定，中国人民政治协商会议全国委员会设常务委员会主持会务。常务委员会由全国委员会主席、副主席、秘书长和常务委员组成，其候选人由参加中国人民政治协商会议全国委员会的各党派、团体、各民族和各界人士协商提名，经全国委员会全体会议选举产生。常务委员会每年至少举行两次专题议政性会议。

76. 中国人民政治协商会议全国委员会常务委员会行使哪些职权？

《中国人民政治协商会议章程》第四十六条规定，中国人民政治协商会议全国委员会常务委员会行使下列职权：

（1）解释中国人民政治协商会议章程，监督章程的实施；

（2）召集并主持中国人民政治协商会议全国委员会全体会议；每届第一次全体会议前召开全体委员参加的预备会议，选举第一次全体会议主席团，由主席团主持第一次全体会议；

（3）组织实现中国人民政治协商会议章程规定的任务；

（4）执行全国委员会全体会议的决议；

（5）全国委员会全体会议闭会期间，审查通过提交全国人民代表大会及其常务委员会或国务院的重要建议案；

（6）协商决定全国委员会委员；

（7）根据秘书长的提议，任免中国人民政治协商会议全国委员会副秘书长；

（8）决定中国人民政治协商会议全国委员会工作机构的设置和变动，并任免其领导成员。

77. 中国人民政治协商会议全国委员会主席会议由哪些人员组成？履行什么职责？

《中国人民政治协商会议章程》第四十七条规定，中国人民政治协商会议全国委员会主席主持常务委员会的工作。副主席、秘书长协助主席工作。主席、副主席、秘书长组成主席会议，处理常务委员会的重要日常工作。主席会议受常务委员会的委托，主持下一届第一次全体会议预备会议。

78. 中国人民政治协商会议全国委员会副秘书长、办公厅履行什么职责？

《中国人民政治协商会议章程》第四十八条规定，中国人民政治协商会议全国委员会设副秘书长若干人，协助秘书长工作。设立办公厅，在秘书长领导下进行工作。

79. 中国人民政治协商会议全国委员会设立哪些工作机构？

《中国人民政治协商会议章程》第四十九条规定，中国人民政治协商会议全国委员会根据工作需要，设立若干专门委员会及其他工作机构。专门委员会在常务委员会和主席会议领导下进行工作，发挥基础性作用。

第五章 地方委员会

80. 哪些地区可以设立中国人民政治协商会议地方委员会?

《中国人民政治协商会议章程》第五十条规定，省、自治区、直辖市设中国人民政治协商会议的省、自治区、直辖市委员会；自治州、设区的市、县、自治县、不设区的市和市辖区，凡有条件的地方，均可设立中国人民政治协商会议各该地方的地方委员会。

81. 如何确定中国人民政治协商会议地方委员会的参加单位、委员名额和人选及界别设置?

《中国人民政治协商会议章程》第五十一条第一款规定，每届中国人民政治协商会议地方委员会的参加单位、委员名额和人选及界别设置，经上届地方委员会主席会议审议同意后，由常务委员会协商决定。

82. 每届地方委员会任期内，可以增加或者变更参加单位、委员名额和决定人选吗？

《中国人民政治协商会议章程》第五十一条第二款规定，每届地方委员会任期内，如有必要增加或者变更参加单位、委员名额和决定人选，经本届地方委员会主席会议审议同意后，由常务委员会协商决定。

83. 中国人民政治协商会议地方委员会每届任期多久？

《中国人民政治协商会议章程》第五十二条规定，中国人民政治协商会议各级地方委员会每届任期五年。

84. 中国人民政治协商会议地方委员会由哪些人员组成？

《中国人民政治协商会议章程》第五十三条规定，中国人民政治协商会议各级地方委员会设主席，副主席若干人和秘书长。

85. 中国人民政治协商会议地方委员会全体会议多久举行一次？

《中国人民政治协商会议章程》第五十四条规定，中国人民政治协商会议各级地方委员会的全体会议每年至少举行一次。

86. 中国人民政治协商会议地方委员会全体会议行使哪些职权？

《中国人民政治协商会议章程》第五十五条规定，中国人民政治协商会议各级地方委员会全体会议行使下列职权：

（1）选举地方委员会的主席、副主席、秘

书长和常务委员，决定常务委员会组成人员的增加或者变更；

（2）听取和审议常务委员会的工作报告、提案工作情况报告和其他报告；

（3）讨论并通过有关的决议；

（4）参与对国家和地方事务的重要问题的讨论，提出建议和批评。

87. 中国人民政治协商会议地方委员会常务委员会履行什么职责？

《中国人民政治协商会议章程》第五十六条第一款规定，中国人民政治协商会议各级地方委员会设常务委员会主持会务。

88. 中国人民政治协商会议地方委员会常务委员会由哪些人员组成？

《中国人民政治协商会议章程》第五十六条第二款规定，常务委员会由地方委员会主席、副主席、秘书长和常务委员组成，其候选人由参加各该地方委员会的各党派、团体、各民族和各界人士协商提名，经全体会议选举产生。

89. 中国人民政治协商会议地方委员会常务委员会行使哪些职权？

《中国人民政治协商会议章程》第五十七条规定，中国人民政治协商会议地方委员会常务委员会行使下列职权：

（1）召集并主持地方委员会全体会议；每届第一次全体会议前召开全体委员参加的预备会议，选举第一次全体会议主席团，由主席团主持第一次全体会议；

（2）组织实现中国人民政治协商会议章程规定的任务和全国委员会所作的全国性的决议以及上级地方委员会所作的全地区性的决议；

（3）执行地方委员会全体会议的决议；

（4）地方委员会全体会议闭会期间，审议通过提交同级地方人民代表大会及其常务委员会或人民政府的重要建议案；

（5）协商决定地方委员会委员；

（6）根据秘书长的提议，任免地方委员会的副秘书长；

（7）决定地方委员会工作机构的设置和变动，并任免其领导成员。

90. 中国人民政治协商会议地方委员会主席会议由哪些人员组成？履行什么职责？

《中国人民政治协商会议章程》第五十八条规定，中国人民政治协商会议各级地方委员会的主席主持常务委员会的工作。副主席、秘书长协助主席工作。主席、副主席、秘书长组成主席会议，处理常务委员会的重要日常工作。主席会议受常务委员会的委托，主持下一届第一次全体会议预备会议。

91. 中国人民政治协商会议地方委员会副秘书长履行什么职责?

《中国人民政治协商会议章程》第五十九条规定，中国人民政治协商会议各级地方委员会可以按照需要设副秘书长一人至数人，协助秘书长进行工作。

92. 中国人民政治协商会议地方委员会设置哪些工作机构?

《中国人民政治协商会议章程》第六十条规定，省、自治区、直辖市的地方委员会设立办公厅，专门委员会及其他工作机构的设置，按照当地实际情况和工作需要，由常务委员会决定。自治州、设区的市、县、自治县、不设区的市和市辖区的地方委员会的工作机构的设置，按照当地实际情况和工作需要，由常务委员会决定。

第六章　会　徽

93. 中国人民政治协商会议会徽是怎样的?

《中国人民政治协商会议章程》第六十一条规定，中国人民政治协商会议会徽为一颗五角星、齿轮和麦穗、四面红旗和缎带、中国地图和地球、“1949”和“中国人民政治协商会议”组成的图案。

94. 中国人民政治协商会议会徽有什么含义?

《中国人民政治协商会议章程》第六十二条规定，中国人民政治协商会议会徽中，一颗五角星表示中国共产党领导；齿轮和麦穗表示以工农联盟为基础；四面红旗和缎带表示各党派、各团体、各民族、各阶层的大团结大联合；中国地图和地球表示全国人民包括香港特别行政区同胞、澳门特别行政区同胞、台湾同胞和海外侨胞的团结；“1949”和“中国人民政治协商会议”分别为诞生时间、名称。

95. 中国人民政治协商会议会徽如何制作和使用？

《中国人民政治协商会议章程》第六十三条规定，中国人民政治协商会议各参加单位和个人都要维护会徽的尊严。要按照规定制作和使用会徽。《中国人民政治协商会议会徽制作和使用规定》对规范会徽的制作和使用作出了具体规定。

96. 中国人民政治协商会议会徽的使用范围有哪些？

根据《中国人民政治协商会议会徽制作和使用规定》第四条第一款的规定，中国人民政治协商会议会徽的使用范围包括：

（1）政协各级委员会所在地应当悬挂

会徽。

（2）政协各级委员会全体会议及其常务委员会会议场所应当悬挂会徽；政协各级委员会的会议可以使用带有会徽图案的会议用品。

（3）政协全国委员会，政协全国委员会办公厅，政协各级地方委员会及其工作机构的印章（印模）中间应当刻有会徽图案。

（4）政协全国委员会主席、副主席以职务名义使用的信封、信笺、请柬等，可以使用会徽图案；政协各级地方委员会可以参照执行。

（5）政协全国委员会办公厅和各专门委员会使用的信封、信笺、请柬等，可以使用会徽图案；政协各级地方委员会可以参照执行。

（6）与政协有关的报刊、杂志、音像制品及其他出版物上可以使用会徽图案。

（7）政协各级委员会官方网站、微博、微信公众号等，可以使用会徽图案。

（8）新闻媒体报道政协会议或与政协有关的活动，可以使用会徽图案。

97. 在《中国人民政治协商会议会徽制作和使用规定》范围以外需要悬挂或者使用会徽及其图案的，应当履行什么手续？

《中国人民政治协商会议会徽制作和使用规定》第四条第二款规定，在本规定范围以外需要悬挂或者使用会徽及其图案的，须报政协全国委员会办公厅批准。

98. 中国人民政治协商会议会徽应当如何悬挂？

《中国人民政治协商会议会徽制作和使用规定》第五条规定，会徽应悬挂在会场和机关正门上方正中处。使用会徽及其图案，应当严肃、庄重。

第八条规定，用于悬挂的会徽，由政协全国委员会办公厅从生产国旗国徽的企业中指定企业制作，会徽直径的通用尺度为下列三种：（1）一百厘米；（2）八十厘米；（3）六十厘米。会场悬挂会徽的尺度，根据会场需要确定。其他特定场所，需要悬挂非通用尺度的会徽，须报政协全国委员会办公厅批准。

99. 中国人民政治协商会议会徽破损、污损、褪色的，可以使用吗？

《中国人民政治协商会议会徽制作和使用规定》第六条规定，不得使用破损、污损、褪色或不符合制作规定的会徽。

100. 中国人民政治协商会议会徽及其图案不得用于哪些场合？

根据《中国人民政治协商会议会徽制作和使用规定》第七条的规定，中国人民政治协商会议会徽及其图案不得用于下列场合：

（1）商标、广告；

（2）日常生活的陈设布置；

（3）私人庆吊活动；

（4）与政协活动无关的其他场合。

附　录

中国人民政治协商会议章程

（1982年12月11日中国人民政治协商会议第五届全国委员会第五次会议通过　根据1994年3月19日中国人民政治协商会议第八届全国委员会第二次会议通过的《中国人民政治协商会议章程修正案》、2000年3月11日中国人民政治协商会议第九届全国委员会第三次会议通过的《中国人民政治协商会议章程修正案》、2004年3月12日中国人民政治协商会议第十届全国委员会第二次会议通过的《中国人民政治协商会议章程修正案》、2018年3月15日中国人民政治协商会议第十三届全国委员会第一次会议通过的《中国人民政治协商会议章程修正案》和2023年3月11日中

国人民政治协商会议第十四届全国委员会第一次会议通过的《中国人民政治协商会议章程修正案》修订）

目　　录

总　　纲

中国人民在长期的革命、建设、改革进程中，结成了由中国共产党领导的、以工农联盟为基础的，有各民主党派、无党派人士、人民团体、少数民族人士和各界爱国人士参加的，由全体社会主义劳动者、社会主义事业的建设者、拥护社会主义的爱国者、拥护祖国统一和致力于中华民族伟大复兴的爱国者组成的，包括香港特别行政区同胞、澳门特别行政区同胞、台湾同胞和海外侨胞在内的最广泛的爱国统一战线。

中华人民共和国宪法规定：中国共产党领导的多党合作和政治协商制度将长期存在和发展。

中国人民政治协商会议是中国共产党把马克思列宁主义统一战线理论、政党理论、民主政治理论同中国具体实际相结合、同中华优秀传统文化相结合的伟大成果，是中国共产党领导各民主党派、无党派人士、人民团体和各族各界人士在政治制度上进行的伟大创造。

中国人民政治协商会议是中国人民爱国统一战线的组织，是中国共产党领导的多党合作和政治协商的重要机构，是我国政治生活中发扬社会主义民主、实践全过程人民民主的重要形式，是社会主义协商民主的重要渠道和专门协商机构，是国家治理体系的重要组成部分，是具有中国特色的制度安排。团结和民主是中国人民政治协商会议的两大主题。一九四九年九月，中国人民政治协商会议第一届全体会议代行全国人民代表大会的职权，代表全国人民的意志，宣告中华人民共和国的成立，发挥了重要的历史作用。一九五四年第一届全国人民代表大会召开后，中国人民政治协商会议继续在国家的政治生活和社会生活以及对外友好活动中进行了许多工作，作出了重要的贡献。一九七八年十二月中国共产党十一届三中全会以来，在拨乱反正、巩固和发展安定团结的政治局面，实现国家工作中心向经济建设转移，推进改革开放和社会主义现代化建设，争取实现包括台湾在内的祖国统一，反对霸权主义、维护世界和平的斗争中，中国人民政治协商会议进一步发挥了重要作用。

中华人民共和国成立以后，我国各族人民在中国共产党的领导下，消灭了剥削制度，建立了社会主义制度，推进社会主义建设，进行改革开放新的伟大革命，开辟了中国特色社会主义道路。我国社会阶级状况发生了根本的变化。工农联盟更加巩固。知识分子同工人、农民一样是社会主义事业的依靠力量。在人民革命、建设、改革事业中同中国共产党一道前进、一道经受考验并作出重要贡献的各民主党派，已经成为各自所联系的一部分社会主义劳动者、社会主义事业的建设者和拥护社会主义的爱国者的政治联盟，是接受中国共产党领导、同中国共产党通力合作的亲密友党，是中国共产党的好参谋、好帮手、好同事，是中国特色社会主义参政党，日益发挥其重要作用。全国各民族已经形成平等团结互助和谐的社会主义民族关系。宗教界的爱国人士积极参加祖国的社会主义建设。非公有制经济人士、新的社会阶层人士等是中国特色社会主义事业的建设者。香港特别行政区同胞、澳门特别行政区同胞、台湾同胞和海外侨胞热爱祖国，拥护祖国统一，支援祖国建设事业。国家事业不断发展，我国的爱国统一战线具有更强大的生命力，仍然是中国人民团结奋斗、建设祖国和统一祖国的一个重要法宝，它将更加巩固，更加发展。

二〇一二年十一月中国共产党第十八次全国代表大会以来，中国特色社会主义进入新时代，在新中国成立特别是改革开放以来长期努力的基础上，国家事业取得历史性成就、发生历史性变革，实现第一个百年奋斗目标，开启了实现第二个百年奋斗目标新征程。我们比历史上任何时期都更接近、更有信心和能力实现中华民族伟大复兴的目标。在现阶段，我国社会主要矛盾是人民日益增长的美好生活需要和不平衡不充分的发展之间的矛盾。但我国仍处于并将长期处于社会主义初级阶段的基本国情没有变，我国是世界最大发展中国家的国际地位没有变。由于国内的因素和国际的影响，我国人民同国内外的敌对势力和敌对分子的斗争还将是长期的，阶级斗争还将在一定范围内长期存在，但已经不是我国社会的主要矛盾。我国各族人民的根本任务是，在中国共产党的领导下，沿着中国特色社会主义道路，坚持社会主义初级阶段的基本路线，以经济建设为中心，坚持四项基本原则，坚持改革开放，自力更生，艰苦创业，把我国建设成为富强民主文明和谐美丽的社会主义现代化强国，以中国式现代化全面推进中华民族伟大复兴。中国人民政治协商会议要在马克思列宁主义、毛泽东思想、邓小平理论、“三个代表”重要思想、科学发展观、习近平新时代中国特色社会主义思想指引下，坚持中国共产党的全面领导，增强“四个意识”、坚定“四个自信”、做到“两个维护”，高举爱国主义、社会主义旗帜，坚持大团结大联合，坚持一致性和多样性统一，在热爱中华人民共和国、拥护中国共产党的领导、拥护社会主义事业、共同致力于实现中华民族伟大复兴中国梦的政治基础上，进一步巩固和发展最广泛的爱国统一战线，加强海内外中华儿女大团结，调动一切积极因素，团结一切可能团结的人，找到最大公约数，画出最大同心圆，同心同德，群策群力，按照中国特色社会主义事业“五位一体”总体布局和“四个全面”战略布局，维护和发展安定团结的政治局面，不断促进社会主义物质文明、政治文明、精神文明、社会文明、生态文明的协调发展，为实现第二个百年奋斗目标、实现中华民族伟大复兴的中国梦而团结奋斗。

中国共产党领导的多党合作和政治协商制度是我国的一项基本政治制度，是具有中国特色的社会主义政党制度。中国人民政治协商会议是实行中国共产党领导的多党合作和政治协商制度的重要政治形式和组织形式。中国人民政治协商会议根据中国共产党同各民主党派和无党派人士长期共存、互相监督、肝胆相照、荣辱与共的方针，促进参加中国人民政治协商会议的各党派、无党派人士的团结合作，充分体现和发挥我国社会主义新型政党制度的特点和优势。

协商民主是我国社会主义民主政治的特有形式和独特优势。中国人民政治协商会议坚持中国共产党领导、统一战线、协商民主有机结合，坚持围绕中心、服务大局，坚持发扬民主和增进团结相互贯通、建言资政和凝聚共识双向发力，发挥专门协商机构作用，把协商民主贯穿履行职能全过程，在推动协商民主广泛多层制度化发展、推进国家治理体系和治理能力现代化中发挥不可替代的作用。

中国人民政治协商会议的一切活动以中华人民共和国宪法为根本的准则。

中国人民政治协商会议全国委员会和地方委员会，依法维护其参加单位和个人依照本章程履行职责的权利。

第一章　工作总则

第一条　中国人民政治协商会议全国委员

会和地方委员会，依照中国人民政治协商会议章程进行工作。

第二条 中国人民政治协商会议全国委员会和地方委员会的工作原则是：坚持中国共产党领导，坚持人民政协性质定位，坚持大团结大联合，坚持发扬社会主义民主。

第三条 中国人民政治协商会议全国委员会和地方委员会的主要职能是政治协商、民主监督、参政议政，要把加强思想政治引领、广泛凝聚共识贯穿履职工作之中。

政治协商是对国家大政方针和地方的重要举措以及经济建设、政治建设、文化建设、社会建设、生态文明建设中的重要问题，在决策之前和决策实施之中进行协商。中国人民政治协商会议全国委员会和地方委员会可根据中国共产党、人民代表大会常务委员会、人民政府、民主党派、人民团体的提议，举行有各党派、团体的负责人和各族各界人士的代表参加的会议，进行协商，亦可建议上列单位将有关重要问题提交协商。

民主监督是对国家宪法、法律和法规的实施，重大方针政策、重大改革举措、重要决策部署的贯彻执行情况，涉及人民群众切身利益的实际问题解决落实情况，国家机关及其工作人员的工作等，通过提出意见、批评、建议的方式进行的协商式监督。

参政议政是对政治、经济、文化、社会生活和生态环境等方面的重要问题以及人民群众普遍关心的问题，开展调查研究，反映社情民意，进行协商讨论。通过调研报告、提案、建议案或其他形式，向中国共产党和国家机关提出意见和建议。

第四条　中国人民政治协商会议全国委员会和地方委员会应制定年度协商计划。专题议政性常务委员会会议议题、专题协商会议题及其他协商形式、监督形式的重要议题，应列入年度协商计划，做到协商议题和协商形式相匹配。要综合运用各种形式，集协商、监督、参与、合作于一体，完善以全体会议为龙头，以专题议政性常务委员会会议和专题协商会为重点，以协商座谈会、对口协商会、提案办理协商会等为常态的协商议政格局。

第五条 中国人民政治协商会议全国委员会和地方委员会贯彻中国共产党的基本理论、基本路线、基本方略，坚持以人民为中心的发展思想，坚持全面依法治国，宣传和执行国家的宪法、法律、法规和各项方针、政策，坚持总体国家安全观，推动社会力量积极参加社会主义物质文明、政治文明、精神文明、社会文明、生态文明的建设事业，更好满足人民日益增长的美好生活需要，更好推动人的全面发展、社会全面进步。

第六条 中国人民政治协商会议全国委员会和地方委员会坚持公有制为主体、多种所有制经济共同发展，按劳分配为主体、多种分配方式并存，社会主义市场经济体制等基本经济制度。毫不动摇地巩固和发展公有制经济，毫不动摇地鼓励、支持、引导非公有制经济发展。把握新发展阶段，贯彻创新、协调、绿色、开放、共享的新发展理念，加快构建以国内大循环为主体、国内国际双循环相互促进的新发展格局，推动高质量发展，建设现代化经济体系，发挥市场在资源配置中的决定性作用，更好发挥政府作用，促进社会生产力的解放和发展，逐步实现全体人民共同富裕。

第七条 中国人民政治协商会议全国委员会和地方委员会密切联系各方面人士，反映他们及其所联系的群众的意见和要求，对国家机关和国家工作人员的工作提出建议和批评，协助国家机关进行机构改革和体制改革，改进工作，提高工作效率，克服形式主义、官僚主义、享乐主义和奢靡之风，反对特权思想和特权现象，加强廉政建设。

第八条 中国人民政治协商会议全国委员会和地方委员会调整和处理统一战线各方面的关系和中国人民政治协商会议内部合作的重要

事项。

第九条 中国人民政治协商会议全国委员会和地方委员会坚持中国特色社会主义文化发展道路，通过各种形式，传承和弘扬中华优秀传统文化，继承革命文化，发展社会主义先进文化，弘扬民族精神和时代精神，培育和践行社会主义核心价值观，开展爱祖国、爱人民、爱劳动、爱科学、爱社会主义的公德以及革命的理想、道德和纪律的宣传教育工作。

第十条 中国人民政治协商会议全国委员会和地方委员会坚持发展科学、繁荣文化的百花齐放、百家争鸣的方针，密切联系国家机关和其他有关组织，在政治、法治、经济、农业农村、社会、教育、科学技术、文化艺术、新闻出版、医药卫生、体育、资源环境等方面开展调查研究等活动，广开言路，广开才路，充分发挥委员的专长和作用。

中国人民政治协商会议全国委员会和地方委员会推动和协助社会力量兴办各种有利于中

国特色社会主义建设的事业。

第十一条　中国人民政治协商会议全国委员会和地方委员会组织委员视察、考察和调查，了解情况，就各项事业和群众生活的重要问题进行研究，通过建议案、提案、社情民意信息和其他形式向国家机关和其他有关组织提出建议和批评。

第十二条　中国人民政治协商会议全国委员会和地方委员会推动委员自觉学习马克思列宁主义、毛泽东思想、邓小平理论、“三个代表”重要思想、科学发展观、习近平新时代中国特色社会主义思想，组织学习时事政治，学习中共党史、新中国史、改革开放史、社会主义发展史，学习交流业务和科学技术知识，增强政治把握能力、调查研究能力、联系群众能力、合作共事能力。

第十三条　中国人民政治协商会议全国委员会和地方委员会宣传和参与贯彻执行国家关于统一祖国的方针政策，积极开展同台湾同胞和各界人士的联系，坚决反对一切分裂国家的活动，促进祖国统一大业的实现。

全面准确、坚定不移贯彻“一国两制”、“港人治港”、“澳人治澳”、高度自治的方针，严格依照宪法和基本法办事，落实“爱国者治港”、“爱国者治澳”原则，加强同香港特别行政区同胞、澳门特别行政区同胞的联系和团结，鼓励他们为保持香港、澳门长期繁荣稳定，为建设祖国和统一祖国作出贡献。

第十四条 中国人民政治协商会议全国委员会和地方委员会宣传和协助贯彻执行国家的科教兴国战略、人才强国战略、创新驱动发展战略和知识分子政策，尊重劳动、尊重知识、尊重人才、尊重创造，以利于充分发挥各类人才和知识分子在社会主义现代化建设中的作用。

第十五条 中国人民政治协商会议全国委员会和地方委员会宣传和协助贯彻执行国家的民族政策，坚定不移走中国特色解决民族问题的正确道路，坚持和完善民族区域自治制度，反映少数民族的意见和要求，促进发展民族地区的经济、文化、社会和生态保护事业，维护少数民族的合法权利和利益，深化民族团结进步教育，铸牢中华民族共同体意识，加强各民族交往交流交融，巩固和发展平等团结互助和谐的社会主义民族关系，为促进各民族共同团结奋斗、共同繁荣发展，增进各族人民的大团结和维护祖国的统一贡献力量。

第十六条　中国人民政治协商会议全国委员会和地方委员会宣传和协助贯彻执行国家的宗教信仰自由政策，支持政府依法管理宗教事务，坚持独立自主自办的原则，积极引导宗教与社会主义社会相适应，坚持我国宗教中国化方向，团结宗教界爱国人士和宗教信仰者为祖国的建设和统一贡献力量。

第十七条　中国人民政治协商会议全国委员会和地方委员会宣传和协助贯彻执行国家的侨务政策，加强同归侨、侨眷和海外侨胞的联系和团结，鼓励他们为祖国的建设事业和统一祖国的大业作出贡献。

第十八条 中国人民政治协商会议全国委员会和地方委员会宣传和协助贯彻执行国家的外交政策，根据具体情况，积极主动地开展人民外交活动，加强同各国人民的友好往来和合作，弘扬和平、发展、公平、正义、民主、自由的全人类共同价值，推动构建人类命运共同体。

第十九条 中国人民政治协商会议全国委员会和地方委员会根据统一战线组织的特点进行关于中国近代以来文史资料的征集、研究和出版工作。

第二十条 中国人民政治协商会议全国委员会加强同地方委员会的联系，沟通情况，交流经验，指导工作，研究地方委员会带共同性的问题。

第二章　组织总则

第二十一条　中国人民政治协商会议设全国委员会和地方委员会。

中国人民政治协商会议全国委员会对地方委员会的关系和地方委员会对下级地方委员会的关系是指导关系。

第二十二条　中国人民政治协商会议全国委员会由中国共产党、各民主党派、无党派人士、人民团体、各少数民族和各界的代表，香港特别行政区同胞、澳门特别行政区同胞、台湾同胞和归国侨胞的代表以及特别邀请的人士组成，设若干界别。

中国人民政治协商会议地方委员会的组成，根据当地情况，参照全国委员会的组成决定。

第二十三条　凡赞成本章程的党派和团体，经中国人民政治协商会议全国委员会常务委员会协商同意，得参加中国人民政治协商会议全国委员会。参加地方委员会者，由各级地方委员会按照本条上述规定办理。

第二十四条 参加中国人民政治协商会议全国委员会或地方委员会的单位和个人，都有遵守和履行本章程的义务。

第二十五条 中国人民政治协商会议地方委员会对全国委员会的全国性的决议，下级地方委员会对上级地方委员会的全地区性的决议，都有遵守和履行的义务。

第二十六条 中国人民政治协商会议全国委员会和地方委员会全体会议的议案，应经全体委员过半数通过。常务委员会的议案，应经常务委员会全体组成人员过半数通过。各参加单位和个人对会议的决议，都有遵守和履行的义务。如有不同意见，在坚决执行的前提下可以声明保留。

第二十七条 参加中国人民政治协商会议全国委员会和地方委员会的单位和个人，有通过本会会议和组织充分发表各种意见、参加讨论国家大政方针和各该地方重大事务的权利，对国家机关和国家工作人员的工作提出建议和批评的权利，以及对违纪违法行为检举揭发的权利，参加有关部门组织的调查和检查活动。

第二十八条 参加中国人民政治协商会议全国委员会和地方委员会的单位和个人，有声明退出的自由。

第二十九条 参加中国人民政治协商会议全国委员会和地方委员会的单位和个人，如果严重违反中国人民政治协商会议章程或全体会议和常务委员会的决议，由全国委员会常务委员会或地方委员会常务委员会分别依据情节给予警告处分，或撤销其参加中国人民政治协商会议全国委员会或地方委员会的资格。

受警告处分或撤销参加资格的单位或个人，如果不服，可以请求复议。

第三章 委 员

第三十条 中国人民政治协商会议全国委

员会委员和地方委员会委员应热爱祖国，拥护中国共产党的领导和社会主义事业，维护民族团结和国家统一，遵守国家的宪法和法律，保守国家秘密，廉洁自律，在本界别中有代表性，有社会影响和参政议政能力。

第三十一条 中国人民政治协商会议全国委员会委员经相关程序后，须由中国人民政治协商会议全国委员会常务委员会协商决定。地方委员会委员经相关程序后，须由各级地方委员会常务委员会协商决定。

第三十二条 中国人民政治协商会议全国委员会委员和地方委员会委员应当依照本章程积极履行职责，认真行使权利。

第三十三条 中国人民政治协商会议全国委员会委员和地方委员会委员，在本会会议上有表决权、选举权和被选举权；有对本会工作提出意见、批评、建议的权利。

第三十四条 中国人民政治协商会议全国委员会委员和地方委员会委员要坚持为国履

职、为民尽责，密切联系群众，了解和反映他们的愿望和要求，参加本会组织的会议和活动。

第三十五条　中国人民政治协商会议全国委员会委员和地方委员会委员应当正确处理个人职业活动与履行职责的关系，不得利用委员身份牟取个人、小团体和特定关系人的利益。

第三十六条　中国人民政治协商会议全国委员会和地方委员会应当加强委员履职管理，建立委员履职档案，采取适当方式通报履职情况。

第三十七条　对严重损害国家和人民利益的，因严重违纪违法被给予组织处理、处分或被判刑以及涉嫌违纪违法正在接受调查处理的，在身份上弄虚作假的等，不得提名或继续提名为委员人选。

第三十八条　因工作变动或其他原因不宜继续担任委员的，本人应当辞去委员。对违反社会道德或存在与委员身份不符行为的，应当及时约谈或函询，经提醒仍不改正的，应当责令其辞去委员。

第三十九条 对违纪违法的委员，中国人民政治协商会议全国委员会常务委员会或地方委员会常务委员会应当依照法律和有关规定作出相应处理。常务委员会组成人员违纪违法的，可由常务委员会依照法律和有关规定作出处理决定，针对不同情形，相关处理决定待召开全体会议予以追认。

第四章 全国委员会

第四十条 每届中国人民政治协商会议全国委员会的参加单位、委员名额和人选及界别设置，经上届全国委员会主席会议审议同意后，由常务委员会协商决定。

每届全国委员会任期内，有必要增加或者变更参加单位、委员名额和决定人选时，经本届主席会议审议同意后，由常务委员会协商决定。

第四十一条　中国人民政治协商会议全国委员会每届任期五年。如遇非常情况，由常务委员会以全体组成人员的三分之二以上的多数通过，得延长任期。

第四十二条　中国人民政治协商会议全国委员会设主席，副主席若干人和秘书长。

第四十三条　中国人民政治协商会议全国委员会全体会议每年举行一次。常务委员会认为必要时，得临时召集。

第四十四条　中国人民政治协商会议全国委员会全体会议行使下列职权：

（一）修改中国人民政治协商会议章程，监督章程的实施；

（二）选举全国委员会的主席、副主席、秘书长和常务委员，决定常务委员会组成人员的增加或者变更；

（三）协商讨论国家的大政方针以及经济建设、政治建设、文化建设、社会建设、生态文明建设中的重要问题，提出建议和批评；

（四）听取和审议常务委员会的工作报告、提案工作情况报告和其他报告；

（五）讨论本会重大工作原则、任务并作出决议。

第四十五条 中国人民政治协商会议全国委员会设常务委员会主持会务。

常务委员会由全国委员会主席、副主席、秘书长和常务委员组成，其候选人由参加中国人民政治协商会议全国委员会的各党派、团体、各民族和各界人士协商提名，经全国委员会全体会议选举产生。

常务委员会每年至少举行两次专题议政性会议。

第四十六条 中国人民政治协商会议全国委员会常务委员会行使下列职权：

（一）解释中国人民政治协商会议章程，监督章程的实施；

（二）召集并主持中国人民政治协商会议全国委员会全体会议；每届第一次全体会议前

召开全体委员参加的预备会议，选举第一次全体会议主席团，由主席团主持第一次全体会议；

（三）组织实现中国人民政治协商会议章程规定的任务；

（四）执行全国委员会全体会议的决议；

（五）全国委员会全体会议闭会期间，审查通过提交全国人民代表大会及其常务委员会或国务院的重要建议案；

（六）协商决定全国委员会委员；

（七）根据秘书长的提议，任免中国人民政治协商会议全国委员会副秘书长；

（八）决定中国人民政治协商会议全国委员会工作机构的设置和变动，并任免其领导成员。

第四十七条 中国人民政治协商会议全国委员会主席主持常务委员会的工作。副主席、秘书长协助主席工作。

主席、副主席、秘书长组成主席会议，处

理常务委员会的重要日常工作。

主席会议受常务委员会的委托，主持下一届第一次全体会议预备会议。

第四十八条 中国人民政治协商会议全国委员会设副秘书长若干人，协助秘书长工作。设立办公厅，在秘书长领导下进行工作。

第四十九条 中国人民政治协商会议全国委员会根据工作需要，设立若干专门委员会及其他工作机构。专门委员会在常务委员会和主席会议领导下进行工作，发挥基础性作用。

第五章 地方委员会

第五十条 省、自治区、直辖市设中国人民政治协商会议的省、自治区、直辖市委员会；自治州、设区的市、县、自治县、不设区的市和市辖区，凡有条件的地方，均可设立中国人民政治协商会议各该地方的地方委员会。

第五十一条 每届中国人民政治协商会议地方委员会的参加单位、委员名额和人选及界别设置，经上届地方委员会主席会议审议同意后，由常务委员会协商决定。

每届地方委员会任期内，如有必要增加或者变更参加单位、委员名额和决定人选，经本届地方委员会主席会议审议同意后，由常务委员会协商决定。

第五十二条　中国人民政治协商会议各级地方委员会每届任期五年。

第五十三条　中国人民政治协商会议各级地方委员会设主席，副主席若干人和秘书长。

第五十四条　中国人民政治协商会议各级地方委员会的全体会议每年至少举行一次。

第五十五条　中国人民政治协商会议各级地方委员会全体会议行使下列职权：

（一）选举地方委员会的主席、副主席、秘书长和常务委员，决定常务委员会组成人员的增加或者变更；

（二）听取和审议常务委员会的工作报告、提案工作情况报告和其他报告；

（三）讨论并通过有关的决议；

（四）参与对国家和地方事务的重要问题的讨论，提出建议和批评。

第五十六条 中国人民政治协商会议各级地方委员会设常务委员会主持会务。

常务委员会由地方委员会主席、副主席、秘书长和常务委员组成，其候选人由参加各该地方委员会的各党派、团体、各民族和各界人士协商提名，经全体会议选举产生。

第五十七条 中国人民政治协商会议地方委员会常务委员会行使下列职权：

（一）召集并主持地方委员会全体会议；每届第一次全体会议前召开全体委员参加的预备会议，选举第一次全体会议主席团，由主席团主持第一次全体会议；

（二）组织实现中国人民政治协商会议章程规定的任务和全国委员会所作的全国性的决议以及上级地方委员会所作的全地区性的决议；

（三）执行地方委员会全体会议的决议；

（四）地方委员会全体会议闭会期间，审议通过提交同级地方人民代表大会及其常务委员会或人民政府的重要建议案；

（五）协商决定地方委员会委员；

（六）根据秘书长的提议，任免地方委员会的副秘书长；

（七）决定地方委员会工作机构的设置和变动，并任免其领导成员。

第五十八条　中国人民政治协商会议各级地方委员会的主席主持常务委员会的工作。副主席、秘书长协助主席工作。

主席、副主席、秘书长组成主席会议，处理常务委员会的重要日常工作。

主席会议受常务委员会的委托，主持下一届第一次全体会议预备会议。

第五十九条　中国人民政治协商会议各级地方委员会可以按照需要设副秘书长一人至数人，协助秘书长进行工作。

第六十条 省、自治区、直辖市的地方委员会设立办公厅，专门委员会及其他工作机构的设置，按照当地实际情况和工作需要，由常务委员会决定。

自治州、设区的市、县、自治县、不设区的市和市辖区的地方委员会的工作机构的设置，按照当地实际情况和工作需要，由常务委员会决定。

第六章 会 徽

第六十一条 中国人民政治协商会议会徽为一颗五角星、齿轮和麦穗、四面红旗和缎带、中国地图和地球、“1949”和“中国人民政治协商会议”组成的图案。

第六十二条 中国人民政治协商会议会徽中，一颗五角星表示中国共产党领导；齿轮和麦穗表示以工农联盟为基础；四面红旗和缎带表示各党派、各团体、各民族、各阶层的大团结大联合；中国地图和地球表示全国人民包括香港特别行政区同胞、澳门特别行政区同胞、台湾同胞和海外侨胞的团结；“1949”和“中国人民政治协商会议”分别为诞生时间、名称。

第六十三条 中国人民政治协商会议各参加单位和个人都要维护会徽的尊严。要按照规定制作和使用会徽。

中国共产党政治协商工作条例

（2022年5月27日中共中央政治局会议审议批准 2022年6月13日中共中央发布）

第一章 总 则

第一条 为了加强党对政治协商工作的领导，提高政治协商工作的科学化制度化规范化水平，坚持和完善中国共产党领导的多党合作和政治协商制度，巩固和发展爱国统一战线，根据《中国共产党章程》，制定本条例。

第二条 本条例所称政治协商，是在中国共产党领导下，中国共产党同各民主党派和各界代表人士围绕党和国家大政方针、经济社会发展重要问题以及其他重要事项开展的协商。

政治协商是中国共产党领导的多党合作和政治协商制度的重要组成部分，是社会主义协商民主的重要形式，是凝聚智慧、增进共识、促进科学民主决策的重要途径。

第三条 政治协商的基本方式是：

（一）中国共产党同各民主党派、无党派人士直接开展的协商，简称政党协商；

（二）中国共产党在人民政协同各民主党派和各界代表人士开展的协商，简称人民政协政治协商。

第四条 政治协商工作坚持以习近平新时代中国特色社会主义思想为指导，深入贯彻习近平总书记关于加强和改进统一战线工作的重要思想、关于加强和改进人民政协工作的重要思想，增强“四个意识”、坚定“四个自信”、做到“两个维护”，贯彻落实发展全过程人民民主要求，坚持和完善中国共产党领导的多党合作和政治协商制度，坚持大团结大联合，坚持一致性和多样性相统一，通过党领导下的政治协商工作的制度体系和工作机制，提升政治协商效能，为全面建设社会主义现代化国家、实现中华民族伟大复兴凝聚起共同奋斗的力量。

第五条 政治协商工作应当遵循以下原则：

（一）坚持党的全面领导；

（二）坚持围绕中心、服务大局；

（三）坚持发扬民主、坦诚协商；

（四）坚持政治引领、凝聚共识。

第二章 组织领导和职责

第六条 党中央对政治协商工作实行集中统一领导，统一制定政治协商工作大政方针，研究决定事关政治协商工作全局和长远发展的重大事项，保证政治协商始终坚持正确政治方向。

党中央组织开展中央层面的政党协商，领导和支持全国政协依照《中国人民政治协商会议章程》和有关规定做好政治协商工作。

第七条 地方党委在政治协商工作中的主要职责是：

（一）贯彻落实党中央关于政治协商工作的方针政策和决策部署以及上级党委工作要求，指导下级党组织做好政治协商有关工作；

（二）把政治协商工作纳入党委重要议事日程，及时研究解决政治协商工作中的重要问题；

（三）按照规定与同级民主党派组织、无党派人士开展政党协商，领导和支持本级政协做好政治协商工作；

（四）支持民主党派、无党派人士提高政治协商能力，更好履行职责、发挥作用。

第八条 党委统战部在政治协商工作中的

主要职责是：

（一）贯彻落实党中央关于政治协商工作的方针政策和决策部署以及上级党委、同级党委工作要求；

（二）受党委委托，组织开展政党协商，向党委请示报告政党协商工作并提出意见建议；

（三）完成党委交办的政治协商其他有关工作。

第九条　政协党组在人民政协政治协商工作中的主要职责是：

（一）贯彻落实党中央关于政治协商工作的方针政策和决策部署以及上级党委、同级党委工作要求，依规依章程组织开展人民政协政治协商工作；

（二）坚持民主集中制，严格执行重大事项请示报告制度，重要协商活动报经党委批准，执行落实情况及时向党委报告；

（三）加强政协委员队伍建设，引导委员

深入学习党的理论和路线方针政策，认真履行协商职责，切实提高协商能力，发挥党员委员在政治协商中的政治引领作用；

（四）完成党委交办的人民政协政治协商其他有关工作。

第三章　政治协商对象和内容

第十条　政党协商的对象是：

（一）民主党派；

（二）无党派人士。

工商联应邀参加政党协商。

第十一条　人民政协政治协商的对象是参加政协的各有关方面，包括：

（一）民主党派；

（二）无党派人士；

（三）人民团体；

（四）其他各界代表人士。

第十二条　政党协商主要内容是：

（一）中国共产党全国和地方各级代表大

会、党中央以及地方党委有关重要文件的制定、修改；

（二）宪法的修改建议，有关重要法律的制定、修改建议，有关重要地方性法规的制定、修改建议；

（三）关系国民经济和社会发展的有关重大问题；

（四）换届时人大常委会、政府、政协领导班子成员和监察委员会主任、法院院长、检察院检察长的建议人选；

（五）关系统一战线和多党合作的重大问题。

第十三条　人民政协政治协商主要内容是：

（一）列入政协全体会议议程的重要事项；

（二）国家方针政策和地方重要举措，经济建设、政治建设、文化建设、社会建设、生态文明建设重要问题；

（三）有关统一战线的重要问题。

第四章　政治协商活动筹备

第十四条　各级党委加强对政治协商活动的研究部署，统筹安排政党协商和人民政协政治协商，增强协商活动计划性，提高协商议题针对性，支持各方面做好协商准备。

第十五条　政党协商年度计划由党委办公厅（室）会同党委统战部在听取有关部门、民主党派组织、无党派人士意见建议的基础上研究提出，经党委常委会会议审议通过后，通报同级民主党派组织。

第十六条　根据政党协商年度计划，同级民主党派组织、无党派人士就经济社会发展重要问题开展年度重点考察调研，由党委统战部组织实施并做好统筹协调；支持民主党派组织、无党派人士结合自身特色以及政党协商年度计划内容开展经常性考察调研，形成调研成果，为协商活动提供参考。

第十七条　党委办公厅（室）会同党委统

战部，根据政党协商年度计划制定具体工作方案。党委统战部会同有关部门提前组织民主党派组织负责同志、无党派代表人士阅读文件，通报有关情况。

第十八条　政协党组就人民政协政治协商议题征求有关方面意见后，提出年度协商议题安排，形成年度协商计划草案，报党委常委会会议确定，并按照程序审议通过后实施。

第十九条　各级党委和政府支持政协围绕协商议题开展调研。根据工作需要，可以安排有关党政机关在政协考察调研时介绍情况，与委员交换意见，共同进行研究。重要调研成果报党委以及有关部门。

第二十条　人民政协政治协商活动具体工作方案应当根据批准的年度协商计划制定。议题涉及的有关法律法规和政策措施等书面材料可以视情提前印发，供参加协商的各方参阅。

第五章　政治协商活动开展

第二十一条　各级党委应当按照形式与内容相匹配的要求，合理运用协商形式，保证协商活动有序开展。

在政治协商活动中，应当鼓励和支持参加协商的各方讲真话、建诤言，加强互动交流，营造宽松民主和谐的协商氛围。

第二十二条　各级党委主要通过以下形式开展政党协商：

（一）会议协商。党委负责同志主持召开专题协商座谈会、人事协商座谈会、调研协商座谈会和其他协商座谈会，听取同级民主党派组织、无党派代表人士的意见建议。

（二）约谈协商。党委负责同志可以根据需要，不定期邀请同级民主党派组织负责同志、无党派代表人士就共同关心的问题当面沟通情况、交换意见，或者应同级民主党派组织主要负责同志约请，个别听取意见。

（三）书面协商。党委可以就有关重要文件、重要事项书面征求同级民主党派组织、无党派人士的意见建议，民主党派组织、无党派人士以书面形式反馈协商意见。支持民主党派组织及其负责同志以书面形式直接向同级党委反映情况、提出意见建议。

第二十三条　各级党委支持政协主要通过以下形式开展人民政协政治协商：

（一）全体会议。中央政治局常委同志等应邀出席全国政协全体会议，同委员共商国是；地方党委负责同志等应邀出席地方政协全体会议，参加讨论，听取意见建议。

（二）专题议政性常务委员会会议。党委和政府有关负责同志应邀出席有关常务委员会会议并作报告，听取意见并根据需要进行互动交流。

（三）专题协商会。党委和政府有关负责同志应邀出席专题协商会并发表意见，有关部门负责同志介绍情况，开展互动交流。

（四）协商座谈会。根据情况采取相应的协商形式，由政协主席或者副主席、专门委员会负责同志主持。与议题有关的部门负责同志应邀到会介绍情况、听取并交流意见。

第六章　政治协商成果运用和反馈

第二十四条　各级党委应当重视协商意见研究办理，可以结合实际建立健全政治协商成果运用和反馈制度，重要协商成果可以作为决策参考。

第二十五条　党委办公厅（室）会同党委统战部梳理汇总政党协商意见，视情交付有关部门研究办理，办理情况按照规定反馈同级民主党派组织、无党派代表人士。

第二十六条　政协党组按照规定梳理形成人民政协政治协商活动成果，重要协商活动成果报送党委。党委和政府负责同志对有关部门落实协商成果有明确要求的，党委和政府办公厅（室）应当加强督促检查，并将落实情况抄送同级政协办公厅（室）。

第七章 政治协商保障机制

第二十七条 各级党委应当结合实际完善政治协商工作机制，支持和推动有关单位和部门参与政治协商有关工作。

完善党委、政府、监察委员会、法院、检察院与各民主党派、各界代表人士的工作联系机制，为各民主党派和各界代表人士知情明政创造条件。

党委有关部门，有关政府部门、人民团体、企事业单位的党组（党委）为本单位本部门的民主党派成员、无党派人士和政协委员参加政治协商创造有利条件，提供必要保障。

第二十八条 党委负责同志开展考察调研，根据工作需要，可以邀请同级民主党派组织负责同志、无党派代表人士参加。

监察委员会，法院、检察院和有关政府部门党组（党委）可以根据工作需要向同级民主党派组织、无党派人士介绍有关情况，视情邀请同级民主党派组织、无党派人士列席有关工作会议、参加专项调研和检查督导等。

第二十九条 支持各民主党派、无党派人士在政协参与国家方针政策和地方重要举措的讨论协商，对各民主党派以本党派名义在政协发表意见、提出建议等作出机制性安排。

第八章 附 则

第三十条 本条例由中央统战部负责解释。

第三十一条 本条例自发布之日起施行。

图书在版编目（CIP）数据

政治协商工作学习百问百答 / 中国法制出版社编. — 2 版. — 北京：中国法制出版社，2023.5
ISBN 978-7-5216-3410-5

Ⅰ. ①政… Ⅱ. ①中… Ⅲ. ①中国人民政治协商会议-工作-学习参考资料 Ⅳ. ①D627

中国国家版本馆 CIP 数据核字(2023)第 063717 号

责任编辑　秦智贤　　　　封面设计　杨鑫宇

政治协商工作学习百问百答
ZHENGZHI XIESHANG GONGZUO XUEXI BAIWEN BAIDA

经销/新华书店
印刷/三河市紫恒印装有限公司
开本/880 毫米×1230 毫米　64 开　　印张/2　字数/ 52 千
版次/2023 年 5 月第 2 版　　2023 年 5 月第 1 次印刷

中国法制出版社出版
书号 ISBN 978-7-5216-3410-5　　定价：10.00 元

北京市西城区西便门西里甲 16 号西便门办公区
邮政编码：100053　　传真：010-63141600
网址：http：//www.zgfzs.com　　编辑部电话：010-63141798
市场营销部电话：010-63141612　　印务部电话：010-63141606

（如有印装质量问题，请与本社印务部联系。）

ISBN 978-7-5216-3410-5

9 787521 634105 >

定价：10.00元